Père entraîneur?

Comment aider son fils dans le monde du football

Paúl Fraga

À mon père

À Emilie

À ma mère où qu'elle soit

SOMMAIRE

1. <u>PAPA, JE VEUX JOUER AU FOOT</u>

Pour commencer, je vais vous raconter une histoire. Je ne sais plus très bien quel âge j'avais, huit ou neuf ans. Peut-être moins. Je ne sais plus. Le fait est qu'un frais samedi matin, j'allais jouer mon premier match officiel contre mes camarades d'école. Il ne s'agissait pas d'un simple match, mais d'un tournoi! Imaginez à quel point nous étions agités.

La nuit d'avant je n'avais pas pu fermer les yeux. Cela ressemblait à la nuit de Noël. Le matin j'avais eu du mal à avaler quelque chose. Je n'arrêtais pas. J'étais agité comme une puce. Tiens, comme si on m'avait offert un vélo. Ma mère ne savait pas trop quoi mettre dans mon sac à dos. Comme il s'agissait de la première fois, elle ne savait pas si nous allions pouvoir prendre une douche. C'était sa principale préoccupation. Si nous allions nous enrhumer ! Bon d'accord, elle se préoccupait de cela et espérait que je ne me blesse pas, du coup elle a mis dans mon sac des protège tibias qui étaient plus grands que moi. Moi je voulais les mettre tout de suite (çà faisait plus cool) mais elle n'a pas voulu.

J'avais enfilé ma doudoune, mais juste çà. Pour le reste je semblais très sportif : avec mon short et mes chaussettes à moitié remontées. J'avais la chair de poule à cause du froid qu'il faisait, mais cela m'était égal. Nous arrivions enfin à l'école où nous allions jouer le match. Quelle émotion ! Les parents qui étaient là se regardaient les uns les autres sans trop savoir quoi faire. Et nous, nous étions entre nous.

A l'époque ils allaient juste nous donner le t-shirt, le reste chacun devait l'apporter de chez soi. A part le haut, l'équipement était très coloré. Je me rappelle même d'un copain, dont je tairais le nom par respect, qui avait dû prendre le short de sa sœur car il a passé tout le match, sans exagérer, à se sortir le short des fesses. Vous pouvez imaginer la photo ? Pour ainsi dire il ne cessait de courir tout en remettant son short en place.

Cela commençait bien…, si nous avions été une bande d'oiseaux. Plus que des joueurs de football nous avions l'air d'hirondelles, tous ensembles en forme de flèche derrière un ballon. Nous et ceux de l'équipe adverse. Quand il y avait des ballons divisés cela cessait d'être du foot pour se transformer en rugby. Huit gamins (il s'agissait de foot en salle) sur le ballon, et les gardiens qui avaient aussi envie de participer. Ce n'était pas faute d'avoir envie. Ils se mordaient la langue. Il s'agissait de vraies mêlées.

Comme je vous le disais, tout allait bien. Nous nous amusions comme de vrais gamins, ce que nous étions d'ailleurs. Nous nous divertissions vraiment. Jusqu'au moment précis où le ballon est sorti de la ligne de touche. Les parents criaient de toute leur force à mon camarade qui allait prendre le ballon pour le remettre en jeu. "Remets-le en jeu", "Allez vite! Remets-le en jeu ". Mon camarade, avec le ballon entre les mains, regardait impassible le groupe de parents. Pendant ce temps-là les parents continuaient de lui crier la même chose: "vite remets-le en jeu!". Jusqu'à ce que tout à coup, mon camarade qui avait le ballon entre les mains, s'approcha du père d'un joueur de notre équipe pour lui dire... mais qu'est-ce que c'est la remettre en jeu? Pas besoin de commentaires ! Heureuse est l'ignorance!

Comme vous le savez déjà très bien, tout commence avec un : « Papa je veux m'inscrire dans l'équipe de l'école » A ce moment-là, la demande semble normale. D'ailleurs c'est plutôt positif. En fin de compte, le gamin veut faire du sport et le football est une activité sportive comme une autre. Donc il faudra bien l'inscrire.

Vous pensez qu'avant il faudrait que en parler avec votre femme. C'est aussi son fils, et elle a son mot à dire. Vous ne pensez pas qu'il y ait de problème, et s'il y en a vous trouverez bien la façon de la convaincre. Ce ne sera pas plus difficile que quand vous avez voulu vous abonner au club de foot de la ville. Ça a été compliqué ça aussi.

- Mon fils, avant d'en parler à ta mère, dis-moi, quand sont les matches normalement ? ».

- Il répond « Tous les week-end ».

- « Tous ? »

- Oui, confirme-t-il

- Et à quelle heure sont les matches ?

- Selon ce que disent les grands de l'école, les matches sont le samedi 9 heure du matin

- A 9 heures du matin, répondez-vous comme venant venir.

- Oui presque toujours à 9 heure. Je peux m'inscrire ?

Tout à coup, vous avez des sueurs froides. Il faut que vous en parliez à votre femme. Comment allez-vous lui dire ça ? Football tous les week-ends et à 9 heure du matin. En hiver aussi. Ça ne fait pas rire du tout. Je crois que votre femme sera d'accord avec ça.

- Dis-moi mon fils, et en hiver aussi, non ?

- Si

Bon, intérieurement vous dîtes qu'on dirait bien que le ski c'est fini. Les week-ends chez les parents ou chez les beaux-parents aussi. Les soirées du vendredi avec les copains vont vous manquer. Ça ne va pas plaire à votre femme ça. Il faudra rentrer à la maison après le café. Le lendemain il faudra se lever tôt. Allez c'est pour le gamin !

- Chérie, le gamin m'a demandé de l'inscrire dans l'équipe de foot.

- Ah ok, et bien c'est très bien, répond-elle

- Je voulais que tu saches qu'il jouera les samedis ou les dimanches à 9 heures du matin. Et en hiver aussi.

- Comment ? A cet âge-là, les enfants jouent à 9 heures du matin, l'hiver aussi ? demande-t-elle toute surprise avec l'air que cela ne lui plait pas du tout.

- Oui, c'est ça. Et ils jouent tous les week-ends.

Un simple souhait d'enfant et la routine hebdomadaire est chamboulée. Toute la famille est conditionnée par le foot. Et à partir de là tout le reste arrive. Il faut acheter le matériel. Les chaussures, les protège-tibias,… et voilà. Il a tout ce qu'il faut. Il n'y a plus qu'à…

Comme les autres parents, vous allez à l'école pour parler avec les responsables du football. Vous leur posez les questions nécessaires pour recevoir les mêmes réponses que celles que vos enfants vous ont déjà dites. Et tout se confirme.

Lors de cette petite réunion initiale, il y a les entraîneurs, les enfants, (équipés jusqu'aux dents, avec les protège-tibias qui double la taille de leur tibias, et inquiet comme si c'était la veille de Noël) et vous, les parents, vous vous regardez comme les vaches qui regardent passer le train. Personne ne dit rien, parce que personne ne sait rien. Vous ne faites qu'écouter. Vous écoutez et vous pensez, «il faudra vraiment se lever à sept heures du matin pour que votre fils joue à 9 heures, qu'il ait pris un bon petit déjeuné et qu'il ait digéré. Mais quelle idée il a eu de vouloir jouer au foot ? "

2. <u>LE JEU COMMENCE</u>

Deux novembre. Samedi. Six heures quarante-cinq du matin. Le réveil sonne. Votre femme s'exclame « mais ce n'est pas possible ». Les bonnes choses ont une fin. Il faut préparer le déjeuner et réveiller le gamin. Il fait un froid terrible. Il fait encore nuit et les rues sont encore désertes. Ils se sont tous donné rendez-vous au stade une heure avant le début du match. C'est-à-dire à huit heures. Le terrain est à 60 km. Cela ne laisse que très peu de temps pour se doucher et déjeuner en condition.

Après avoir déjeuné et habiller votre enfant contre le froid, mais bien sûr en short et protège-tibias, vous vous dirigé vers le terrain. L'aventure commence.

En arrivant, votre enfant cours à toute vitesse vers son petit groupe de copains. Et vous, pas encore tout à fait réveillé, vous vous regardez les uns les autres en vous demandant ce que vous faites ici à cette heure-là. Il faudra bien faire quelque chose. Il n'est que huit heures et il reste encore une heure avant le début du match.

Après vous être étiré un peu, vous regardez l'horizon à la recherche d'un endroit où aller. A cette heure du matin, seuls quelques bars sont ouverts, ceux qui servent le petit déjeuner. Vous pensez qu'« un petit café bien chaud serait le bienvenu ». Pour ne pas avoir l'air trop bête vous choisissez celui où il y a dejà quelqu'un. Vous voulez prendre un café le plus discrètement possible.

Vous commencez à parler entre parents. Le premier sujet de conversation ne peut être que l'heure du réveil et du froid qu'il fait. Personne ne comprend rien. Vous êtes là parce que vos enfants ont eu envie de jouer au football. Personne ne sait s'ils font bien, mal où tout le contraire. Aujourd'hui ce sera la première fois que vous les voyez jouer.

L'heure du match arrive. Les parents se séparent en deux groupes. D'un côté, les mères. De l'autre, les pères. Les mères ne font que se plaindre du froid qu'il fait et de l'heure. Toutes ont peur que leur fils s'enrhume où pire encore, qu'ils attrapent une pneumonie. Le football n'est pas l'important. Comme elles disent : « L'important c'est que les enfants s'amusent en faisant du sport »

Les pères sont plutôt en attente. Vous ne vous parlez pas trop. Vous n'avez pas encore confiance et en plus, il y a comme une certaine tension. Vous avez tous envie d'être fier de votre fils. Mais vous ne l'êtes pas encore parce que vous ne les avez pas vu jouer. Et cela vous inquiète. A ce moment-là vous avez oublié le froid. Le stress est supérieur à cela. Intérieurement, vous pensez tous « mon fils, rend moi fier ». Il y beaucoup de doute sur ce que vous allez voir.

3. <u>PREMIERS COUPS DANS LE BALLON</u>

Un jeune, d'à peine quinze ans, assez « fou » pour faire l'arbitre à cette heure du matin, siffle le coup d'envoi. Le match commence sur le terrain…, et en dehors aussi.

Il ne s'agit pas d'un match de football. C'est comme une bande d'oiseaux en pleine migration qui courent derrière le ballon d'un bout à l'autre. Les mères animent. Il s'agit de leurs enfants. S'ils sont bons ou mauvais, cela leur est indifférent. Sur le banc des pères, c'est autre chose. On commence à y voir les premiers sourires…, et les premières mimiques. Tout dépend de ce que vous voyez et à quel joueur vous le voyez.

Dès le premier moment sur le terrain il est possible de commencer à prévoir qui dispose des conditions suffisantes, qui dispose de quelques conditions ou directement qui n'a rien. Il ne faut pas très longtemps pour s'en rendre compte. Quelques coups dans le ballon sont suffisants pour savoir si un gamin sait et s'il fait preuve de coordination.

La compétition a déjà commencé. Mais elle a commencé en dehors du terrain. Dans les gradins. Vous n'êtes plus tous les mêmes pères. Maintenant vous êtes le père du bon, le père de la star, le père du mauvais et le père de celui qui ne joue pas. Vous êtes tous pères, et chacun d'entre vous a sa fierté. De l'autre côté, les mères continuent de crier pour animer. Toujours plus inquiètes de que leurs enfants ne se fassent pas mal que d'autre chose. Ce qui est parfaitement compréhensible.

Quant aux pères, vous n'avez plus de doutes. Vous savez ce qu'il en est. Maintenant chacun montre discrètement sa fierté. Non pas de manière évidente mais si en coin.

Le match a commencé à se jouer sur le banc paternel. Mais pas sur le terrain. Les enfants jouent comme s'ils se trouvaient dans la cour de récréation de l'école. Sur le terrain de jeux, il n'y a que des regards innocents et des sourires de joie. C'est le fond paternel qui commence à ressortir.

Les gamins ont à peine commencé à jouer, mais pour vous les pères, cela suffit, vous maintenez tranquillement votre fierté ou vous l'augmentez fortement ou vous sentez qu'elle se fend et vous passez en mode de pseudo-honte. Tout cela en fonction de ce que vous avez vu et de l'interprétation que vous en faîtes en comparaison avec les autres. L'objectivité cesse d'exister pour faire place à la subjectivité. En réalité l'objectivité n'a jamais existé. Juste la subjectivité. Parce qu'en fin de compte nous sommes de sujets. Les enfants dans tout cela, restent sur le terrain, concentrés.

Le match s'achève. Rien n'est plus pareil. Chacun s'est fait sa propre idée. Une pour chaque père. Ce qui s'est vu est important, mais l'interprétation que chacun a pu faire, l'est bien plus encore. Il y a de quoi penser. Pourquoi ? Parce que l'idée que chaque père à stipule qu'il s'agit de vérités absolues. Des vérités subjectives mais que chacun croit être de la science infuse. « Mon fils est bon, un point c'est tout », « S'il n'a pas bien joué c'est parce qu'on ne lui a pas passé le ballon, ou directement parce que l'entraîneur n'a pas confiance en lui. Il ne l'aime pas ». « Pourquoi il n'a pas sorti celui-là pourquoi il a sorti mon fils ? ». « Ce n'est pas juste. Ce gamin n'a rien fait ».

Vous savez. Donnez-moi un intérêt ou un objectif et je vous donnerais les raisons qui les justifient. La fierté est inversement proportionnelle à l'autocritique. Dans le foot, il n'existe pas de vérité absolue. Tout peut s'opiner. Et l'opinion est un filtre. C'est comme un software qui reçoit l'information de l'extérieur, un « input », et qui le traite ensuite. Et il le fait en fonction de comment a été programmé le « software d'opinion ». A partir de là, sort un « output » et c'est cet output qui s'exprime ensuite et peut coïncider ou non avec les croyances des autres.

Des multiples discussions peuvent alors sortir. Il s'agit de disputes qui viennent du fait que chaque père se fait sa propre réalité et tente que les autres aient la même. Mais cela n'est pas possible. Chaque père a sa propre réalité parce qu'il a ses propres intérêts en fonction de ses propres objectifs et passions. Tout vient de « c'est mon fils » et à partir de là chacun crée son scénario, à partir de là et dans le futur, le software qui va traiter tout ce qui se passe, en général, et tout ce qui passera à son fils en particulier, en relation avec le foot. ¨Ça a toujours été comme ça et ça le sera toujours.

Les enfants sortent du vestiaire. Tous ont le sourire. Quelques-uns sortiront ronchons à cause du résultat mais en général, tous sont contents. Chacun d'entre eux cherche ses parents respectifs dans l'attente des premiers signes d'approbation, des premiers mots d'appui, de reconnaissance. C'est la première épreuve de feu.

Voilà alors la première disjonctive d'un père. D'un côté, il s'agit de votre fils et vous l'aimez, mais le père a déjà un jugement contaminé par la comparaison. L'enfant n'a pas joué tout seul. Il a joué avec d'autres personnes. Le père dira un « Très bien fiston. Tu as été très bien. Tu t'es amusé ? Et l'enfant dira oui tout en mangeant du pain et du chocolat et en buvant un Coca-Cola. Mais selon le père il n'a dit à son fils qu'une partie de la vérité. Ou un petit mensonge. Il lui a dit ce qu'il voulait entendre mais le père sait très bien ce qu'il a vu. Si son fils n'est pas de premier niveau, commencera alors, dans la tête du père, une course sans fin, qui n'est autre que cette course qui veut en permanence adapter la réalité des faits à ses désirs. Ce qui provoquera qu'il tombera continument dans un exercice de tergiversation. Un scénario continue d'auto-tromperie. Une auto-tromperie déguisée de réalité. Il verra toujours les faits à travers la loupe du software, de sa réalité subjective. C'est pour cela que cette réalité sera toujours faussée. Elle est affectée par le désir. En tant que père vous avez perdu la perspective objective et vous êtes descendu au subjectif. La seule chose qui s'est passée entre une situation et une autre est l'apparition de mêmes faits affectés par différentes émotions. Aussi nombreuses que le nombre de relation pères-fils existantes.

A partir de la « photo d'ensemble » du match antérieur, de ce qui a en définitif, été vu, les parents, principalement le père, commence un processus de « fine pluie » avec leur fils. C'est-à-dire qu'il va lui parler et commenter de manière échelonnée une série de questions et d'idées relatives sur lui, ses compagnons, l'entraîneur ou l'équipe. C'est une espèce d'intoxication mentale graduelle de l'enfant bien que bien intentionnée : « Pourquoi l'entraîneur t'as mis en défense ? Toi tu es attaquant. C'est toi qui le lui a demandé ? » « Pourquoi étais-tu remplaçant ? Tu es bien meilleur que tous les autres». « J'ai vu qu'il y a un garçon qui ne te passe pas le ballon. Il se la joue perso. Il veut être le seul à mettre des buts ». Et ainsi de suite. Il n'y a aucun doute qu'il s'agit d'une bonne intention mais il est vrai que cela met dans l'esprit des enfants des appréciations subjectives déguisées en vérités absolues. À ce très jeune âge, les enfants vous considèrent comme des référents et ils acceptent comme vraies, toutes les valorisations que vous leur faites. A dix ou onze ans ils n'ont pas l'esprit critique et ils manquent donc de filtres qui empêchent tous types de pollution mentale.

Les pères, inconsciemment et avec la respectable intention de vouloir aider leurs fils, commencent à leur dicter leur conduite, leurs jugements de valeurs et nombreux sont les pères qui perdent la perspective. Bien que cela soit ainsi, et plus encore dans ce cas concret : le plus important est que l'important soit réellement l'important. A cet âge, les enfants veulent seulement jouer au foot avec leurs amis. Seulement ça. Tout le reste n'est pas important.

Voilà alors le jour du second match. Cette fois à neuf heures et demi, et à trente kilomètres de la maison. Nous sommes sur le chemin. Il fait toujours froid. Comme toujours, doudoune, pull, deux t-shirt, bonnet et scaphandre. Cependant, short, chaussettes, protège-tibias et chaussures de foot. Ça, ça ne change pas. Mais ce qui à bien changé, c'est la prédisposition avec laquelle père et fils vont aller à ce deuxième match.

Lors du premier, en tant que père, vous alliez découvrir. Vous n'aviez aucune valorisation à faire parce que vous ne saviez pas avec quoi vous alliez vous croiser. De son côté, votre fils affrontait le compromis entre l'illusion et l'anxiété propre à celui qui ne sait pas ce qu'il va se passer, mais qui sait que cela va lui plaire.

Pour ce deuxième match, quelque chose a changé. Pendant le trajet, cette fois, père et fils ne sont plus silencieux. L'enfant, au lieu de venir au match avec une mentalité vierge, a déjà une version low cost de votre image mentale. Vos opinions se sont déjà positionnées et il peut alors créer son propre filtre sur la réalité. A partir de ce moment, plus rien ne sera exactement pareil.

Vous arrivez au terrain. Il est possible que votre femme et votre soit, cette fois, restées à la maison. La curiosité du début n'existe plus. Elles savent ce qu'il en est et peuvent mesurer les pours et les contres. L'enfant sort de la voiture et court vers ses amis. De leur côté, les pères commencent leur pérégrination vers le bar. Cette fois-ci, vous parlez. Vous le faites timidement mais vous commencez à partager vos valorisations. « Dis-moi ton fils il joue bien, on voit ses qualités ». « Et ton fils, comment ça va, il est content ? » demande un autre. « Oui, même s'il est plutôt attaquant et qu'on l'a mis en défense ». Moments de calme tendu. De confirmation de critères personnels. Les opinions se vérifient. Si tel père pense la même chose que moi, c'est qu'il s'y connaît en foot. Tout le contraire s'il ne partage pas mon point de vue. Il parle bien de mon fils ? Si oui, il s'y connait, sinon… Il commence à se développer des phobies et des affiliations. Rappelons-nous que chaque père assume son opinion comme une vérité absolue. Mais comme tout peut s'opiner, toutes sont des vérités différentes.

Au moment de payer les cafés, chaque père aura déjà parfaitement catalogué chaque « pack » père –fils. Vous aurez associé de manière subjective des modèles de comportement et d'aptitude. « Le fils est très mauvais et le père le justifie en disant qu'on ne l'a pas mis à sa place. Il ne s'y connait pas en foot » ou, «son fils a du style mais je n'ai pas du tout aimé le sourire qu'il a fait, il s'y croit un peu celui-là ». Et cela tous contre tous.

Il existe toujours un père qui par timidité ou par prudence, préfère toujours se taire. Il se contente d'écouter et de faire ses propres conclusions. Il est probable que son fils ne vaille pas pour jouer au foot. Peut-être, que comme le reste de ses compagnons, il s'est inscrit pour s'amuser et pour partager du temps avec ses amis. Cependant, il n'est pas du tout agréable pour un père de voir comment son fils se fait remarquer parce qu'il n'a pas le niveau. Non ? N'est-ce pas douloureux? Il est nécessaire de garder la perspective, d'avoir une grande auto-estime et de savoir dédramatiser pour ne pas se voir emporté par un volcan de sensations. Il n'est agréable pour personne que les autres soient témoins des limitations de ses êtres chers. Plus encore s'il s'agit de son fils de dix ans. Tout cela fait que le père se sente mal et malheureusement il finira par associer le jeu sur le terrain de son fils avec son mal-être intérieur. Et ça c'est une situation dangereuse.

Devant un tel scénario, ils ne restent que deux possibilités au père. D'un côté, il existe toujours la possibilité de dire la vérité à son fils. Qu'il ne vaut pas pour cela. Qu'il se dédie à un autre sport dans lequel il peut aussi s'amuser. Mais vous pensez, comment peut-on dire cela à son fils ? Il veut être avec ses amis ! S'amuser avec eux en faisant du sport. Un père ne peut pas priver son fils de ce souhait. Jouer au foot de manière désintéressée et s'amuser. Que peut demander de plus un père ? Et bien, ne pas devoir le voir et pouvoir s'extirper des valorisations des autres pères et donc de la douleur qu'ils provoquent. Ou bien plus difficile encore. S'immuniser de tout ce qui l'entoure. Et cela nécessite un dur effort d'entraînement.

D'un autre côté, en étant conscient qu'il ne peut pas dire à son fils que ce n'est pas son truc, il ne reste plus qu'à améliorer son rendement. Nous avons donc notre premier père entraîneur. A partir de ce moment, toutes les valorisations sont absolument faussées. Tout sera orienté à faire en sorte que l'enfant s'améliore et déchire dans tous les sens du mot.

C'est un processus d'auto-tromperie systématique, le père critiquera l'entraîneur pour ne pas savoir comment ressortir le rendement que seul son propre père croit qu'il a. Pendant les matchs, on commencera à entendre des : « Fiston, ne fait pas attention à ce que te dis l'entraîneur. Il ne sait pas. Toi joues en touche ». " Passe le ballon à tel ou tel joueur". " Dès que tu le peux, tire aux buts". On entre ainsi dans un cercle autodestructif où le père projette ses frustrations, ses envies, ses désirs et ses complexes sur son propre fils. Là où l'esprit autocritique brille de par son absence. Vous savez, la faute vient toujours de l'autre. Le gamin est doué parce que moi je le dis et si cela ne se voit pas c'est parque tout le monde s'est monté contre lui.

Le gamin est, sur le terrain, concentré. Il ne comprend rien de ce qu'il voit et entend. Il ne sait en fait pas qui écouter. D'un côté il y a l'entraîneur qui lui dit une chose et de l'autre son père qui sans arrêt lui dit ce qu'il doit faire ou ne pas faire et en plus en disant du mal de l'entraîneur.

De toute façon, père et fils vivent des réalités différentes. Il n'y a aucune relation entre ce que recherche le fils avec la pratique du sport et ce que perçoit son père. Le fils ne comprend pas ses réactions et son comportement. Il n'y a aucun lien cohérent entre ce que ressent et recherche le fils en jouant au foot avec ses amis et l'attitude de son père. Et cela le surprend. L'enfant ne comprend rien. La principale différence est que tant que le comportement du fils se base sur l'amusement, celui du père réside dans l'intérêt de rejeter son malaise intérieur et ses frustrations personnelles.

Le fils a une motivation positive pour faire ce qu'il fait et le père une motivation négative complexe.

Cette situation, qui est compliquée, se compose d'autres chapitres. Il y a d'autres matchs qui se jouent à la maison. Dans le foyer de chaque enfant. Chacun avec leur père. Tous pensent et tous se font leurs conclusions. Le père du bon joueur félicite son fils qui est victime de son émotion. Il lui projette déjà un futur prometteur. Le fils s'en fiche. C'est flatteur mais il ne lui donne pas plus d'importance. Son intérêt est autre. Il est probable qu'en voyant les qualités de son fils, le père lui parlera avec indifférence de mauvais joueurs. Et peut-être même de façon péjorative. Le fils qui est là et ne peut, bien sûr pas échapper à son foyer, les idées qu'il reçoit le pénètre (pluie fine). Et le père devient alors son créateur d'opinion.

Et cela se passe dans chaque foyer. Dans le vôtre aussi. Cela s'est également passé dans le mien. Peu importe s'il s'agit du foyer du bon ou du mauvais joueur. Le comportement est le même. La seule chose qui change c'est le message.

Les matchs se succèdent et ce qui était à l'origine un groupe d'enfants à la mentalité vierge fini par se transformer avec le temps en un groupe de garçons aux réalités bien différentes. Pendant ce temps, l'entraîneur, en essayant de créer une équipe, agglutine les intérêts. Des intérêts qui avec le temps se sont dispersés. Et d'ailleurs, commence même à apparaître les premiers détracteurs. Et nous parlons d'enfants. Cela mérite réflexion, vous ne pensez pas?

Mais cela n'est pas tout. Les envies commencent à surgirent. Les défenseurs et les détracteurs. Les petits groupes. Les avec moi ou les contre moi. La douleur interne, qui dans un premier temps n'appartenait qu'au père qui se confrontait au fait que son fils ne valait pas pour le foot, s'est irrémédiablement transmise à son fils. Les émotions fonctionnent comme la théorie des verres communicants. C'est un graine qui se plante dans l'esprit (valorisation subjective du père), s'arrose (répétition systématique du même message : pluie fine/goutte à goutte) et qui finit para croître (l'enfant fini par se construire une idée partielle en fonction de ce qu'il a entendu dire son père qui est son principal créateur d'opinion).

On n'a pas dit la vérité à l'enfant (qu'il ne vaut pas pour cela) afin d'éviter de le blesser. Donc le père lui transmet qu'il ne s'agit pas de lui, sinon qu'il s'agit des circonstances qui ne sont pas les bonnes (les compagnons, l'entraîneur, les manies, les positions sur le terrain qui sont erronées, etc.). Il prétend cacher la réalité en lançant des mauvais messages à l'enfant. Même s'il s'agit d'un message bien intentionné. Cela oblige le père à adapter la réalité. Une réalité qui n'est autre que celle qu'il lance dans son message. Dans ce but, il n'hésitera pas à diriger des matchs depuis le gradin, en retirant autorité à l'entraîneur et toute personne susceptible de montrer à son fil la vraie réalité. En tenant compte que son principal objectif est d'agir comme un bouclier protecteur, mais cela n'évite pas la souffrance, cela ne fait que la repousser.

En conséquence, l'enfant se fait une composition de fausses idées qui lui créer une image mentale qui ne le mènera à rien, dans le foot. L'enfant finira par se rendre compte lui-même de ses limitations. Cependant, il aura expérimenté sur le chemin plusieurs classes de frustrations. À ce sujet, Einstein disait : "Si tu fais grimper un poisson à un arbre, il pensera toute sa vie que c'est un inutile ". C'est le propre ego et l'intention d'adapter la réalité qui fait que les personnes continuent de grimper au lieu de nager.

Les matchs se suivent. Chaque père et chaque fils se sont créé leur propre image mentale en fonction des priorités de chacun. Les matchs de foot se sont convertis en match à deux visages. D'un côté, il y a ceux qui ne réunissent pas les conditions nécessaires, ceux qui n'ont pas de futur dans ce sport. Et de l'autre côté, il y a ceux qui pourraient potentiellement se dédier au foot. Je ne vais pas parler de s'ils s'y dédieront ou pas, car cela dépend de nombreuses variables et de plus ce n'est pas ce que je prétends transmettre dans ce livre. Peut-être dans un prochain livre.

Dans le premier groupe, les pères dirigent depuis les gradins tout ce qu'il se passe afin d'essayer d'adapter la réalité et de chercher ainsi des excuses et des justifications.

Il y a ceux qui crient, qui hurlent et qui se plaignent à haute voix. Mais il y a aussi ceux qui ne disent rien. Qui restent silencieux. Vous vous reconnaissez dans l'un de ces groupes ? Dans les deux cas, la souffrance interne qu'un père ressent est double. D'un côté parce qu'il est témoin du manque de conditions de son fils (même si cela n'est pas grave du tout. Le foot n'est juste pas son truc et c'est tout. Ce n'est pas grave). Et de l'autre à cause de l'envie. Il aimerait que son fils soit celui qui se démarque du lot. Et nous savons déjà que l'ego ne supporte pas cela. L'ego agit de deux façons. Il sort quand il est conscient de sa capacité et il tente de se comparer au reste quand il n'a pas le niveau. Donc, dans ce dernier cas, il essaiera de sous-estimer les attitudes de celui qui se distingue des autres (c'est-à-dire, qu'il essaiera à nouveau d'adapter la réalité à ses désirs) à la recherche d'un point d'équilibre avec lequel il pourra aussi comparer son fils. C'est comme être millionnaire. Vous pouvez le devenir parce que vous gagnez beaucoup (vous sortez du lot) ou parce-que vous ne dépensez pas beaucoup (vous recherchez l'équilibre par le bas).

"L'homme ne supporte l'éloge des autres qu'autant qu'il se croit capable lui-même de faire ce qu'il entend célébrer et sinon il sentira de l'envie". Thucydide.

Entre ces pères il y a ceux, dont nous avons déjà parlé, qui restent silencieux. Qui restent sans rien dire ne signifie pas qu'ils n'agissent pas de la même manière. La seule différence est qu'il ne l'explicite pas sous la forme de « père entraîneur ». Ils le gardent pour eux. Plusieurs réponses pour les mêmes réalités. Mais le sentiment d'insatisfaction intérieure est la même. Et l'envie qu'ils peuvent avoir peut même être supérieure. **Le silence de l'envieux est bruyant.**

Ce sont ces bruits qui se manifestent chez ceux qui extériorisent leurs sentiments. Jusqu'au point de se montrer sous forme d'indignation.

"L'indignation morale n'est autre que l'envie avec auréole". George Herbert

Néanmoins, les pères des enfants qui bénéficient de bonnes conditions, ne se libèrent pas d'insatisfactions. Jusqu'à maintenant, ce malaise interne était motivé par des interprétations personnelles, auxquelles il faut ajouter les interprétations de ses semblables, c'est-à-dire du reste des pères. Au fur et à mesure que les enfants grandissent et montent en catégories, les choses changent. Ce qui avant n'était que des interprétations personnelles deviennent des interprétations de tiers, étrangers au jeune footballeur. Apparaissent alors les dénicheurs de talents de clubs ou les sélectionneurs régionaux, etc.

A ce moment-là, les enfants qui ne réunissaient pas les conditions nécessaires ont déjà souffert la désillusion de connaître la vraie réalité. Au fur et à mesure que nous vieillissons nous devenons conscients de nos propres limitations. Nous configurons notre propre critère. Et le moment arrive où de motu proprio nous recherchons la logique entre ce que nous sommes et ce qui nous a été dit que nous étions. Et en général les regards se tournent vers nos parents.

C'est à ce moment-là que nous mettons en bémols les choses que nous avons entendues. En fin de compte, certains parents, dans le but de ne pas faire souffrir, déforme l'environnement de leurs enfants pour retarder la destruction de l'estime de soi, pour qu'au final ce soit leurs propres enfants qui se rendent compte des choses. C'est alors que commence les mensonges à soi-même. Mais tout n'est pas mauvais. La déception se supère et mieux encore, quand on a conscience de sa condition, on profite énormément du sport, si cela te plait vraiment. Même avec des limitations. Nous revenons au premier jour de foot. Ce jour de premier match. Ce deux novembre d'il y a cinq ans. Heureuse est l'ignorance.

Le rôle de "père entraîneur " perdure. Seuls les interprètes changent. Avec l'apparition de ces tiers d'opinion qualifiés, il n'existe plus cette division entre bons et mauvais. Et si elle existe, elle ne préoccupe plus. Ce qui commence à rendre nerveux est la décision entre bons et meilleurs. A cet âge et en équipes scolaires ou de quartiers, il importe plus ce que pensent les créateurs d'opinion qualifiés. Alors l'histoire se répète. Les commentaires qui nous entourent commencent à faire mal. Il n'y a rien de plus douloureux que la comparaison. Et si c'est entre joueurs de niveau, c'est encore pire. Ce qui étaient avant des félicitations parce qu'en comparaison tu étais le meilleur, deviennent des inquiétudes. "¿Que pensera-t-il de mon fils?" "Il lui plaira?" "Il voudra le ficher?" "Peut-être préfère-t-il l'autre qui est bon aussi" "Comment peut-il lui plaire ? mon fils est meilleur".

Comme nous pouvons voir, nous revenons au même point. Le contexte change, mais pas le contenu. Les bas instincts sont affectés et ceux-ci émergent. Jusqu'à tel point que le bien-être émotionnel du père quant au foot et les efforts de son fils sont intimement liés à l'opinion d'une tierce personne. Ce n'est plus une question de capacité. C'est alors une question de choix, qu'ils te choisissent toi et pas un autre. Voilà l'objectif. Et le comportement du père ira dans cette direction para rapport à tout ce qui entoure son fils footballistiquement parlant. Ce comportement crée du stress provoqué par l'incertitude. On est conscient de ne pas tout contrôler. Et l'être humain déteste l'incertitude. Il ne supporte pas de ne pas savoir ce qu'il va se passer. Et si on ne contrôle pas ses émotions on peut alors voir apparaitre des pères dans les gradins en train de critiquer l'entraîneur et les compagnons, même si c'est entre les dents. L'envie ne sourit pas, elle fait la grimace.

Ce trouble se transmet aussi, fondamentalement à l'enfant. On le charge d'une responsabilité qui ne lui correspond pas.

De même que lors de la division entre "bon et meilleur", tout se réduit à la comparaison. L'être humain ne tolère pas la comparaison. Il le fait seulement s'il est le gagnant. A partir de là vient tout le reste. Se mentir à soi-même aussi.

"La grandeur inspire l'envie, l'envie crée la rancœur, la rancœur engendre des mensonges". Joanne Kathleen Rowling.

Le temps guéri tout et de manière abracadabrante ce qui dans un premier temps était trouble et produisait une certaine peine fini par se transformer en compréhension de la situation. C'est un acte d'auto-accommodation. L'être humain ne peut pas se sentir incommode de façon permanente. Instinctivement le corps humain cherche son propre bien-être et il finit par assumer la réalité objective et non pas la convenue.

C'est ainsi que les pères finissent par assumer les décisions que prennent des tiers et c'est à travers de leurs fils que cela les atteint. Il n'y a plus besoin de modifier quoi que ce soit. Il faut simplement commencer à assumer les choses telles qu'elles viennent. C'est symptomatique, à mesure que les choses se clarifient, à mesure où l'on voit les choses noires sur blanc, l'activité d'entraîneur depuis les gradins des pères diminue. La situation se normalise plus ou moins. Il n'y a plus à satisfaire les attentes. Il n'y a plus d'intérêts particuliers sur le chemin. Le futur c'est maintenant. Et plus rien ne surprend. Les enfants ont les conditions qu'ils ont, et les décisions sont déjà prises. Il ne reste plus qu'à profiter. Tranquillement. Nous revenons au début. A ce qui n'aurait jamais dû cesser d'être. Le jeu!

4. <u>QUESTIONS A PRENDRE EN COMPTE</u>

Je suis conscient que tout ce que je vais vous dire à continuation peut vous semblez difficile à faire. Il est vrai que cela peut l'être. Avec ces quelques lignes, la seule chose que je prétends est commenter une série de questions qui, je pense, peuvent vous aider. Le succès est étroitement lié à la réflexion. A priori il est compliqué de contrôler les mouvements d'humeur, cependant il est intéressant que vous soyez conscients de ce qui s'est passé et de ce qui vous passe et de mettre ainsi un frein à ces pulsions qu'en tant que père vous pouvez à tout moment avoir.

Premièrement, si vous voulez aider votre fils, vous devez éviter tout type d'attache émotionnelle. Une grande partie du problème qui existe chez les « pères entraîneurs » et leur fils est motivée par un fort degré de vulnérabilité des pères. L'attache émotionnelle produit de la dépendance et celle-ci provoque à son tour de la vulnérabilité. Certains parents idéalisent le comportement sportif de leurs enfants et quand ils n'atteignent pas leurs attentes, ils sont déçus et donc blessés. Cela provoque une lente pollution du fils avec l'unique objectif de soulager sa douleur. Les pères sont victimes de leurs attentes. Il est bien connu que l'illusion naît de l'attente qui est la sœur de la frustration.

Deuxièmement, il faut bien avoir en tête le contexte et maintenir le cap. N'oubliez pas que tout commence parce que le gamin veut jouer au foot avec ses amis. Tout le reste, tout ce qui se crée autour, ne sont, au sens figuré, que des films de sciences fiction avec effets spéciaux. Il s'agit de réalités et sentiments créés artificiellement. A parti de considérations subjectives. La réalité est tout autre et répond à d'autres questions. N'oubliez pas qu'on souffre plus pour ce qu'on imagine que pour ce qui se passe réellement.

Troisièmement, le contrôle de la distraction. Cela a beaucoup à voir avec le point antérieur. Le manque de sécurité en soi, fomente le fait que nous acceptions les opinions extérieures, de tiers, comme des vérités absolues qui conditionnent notre comportement et nos commentaires avec nos enfants.

Quatrièmement, *ne fait pas attention à ce qui échappe à ton contrôle.*

Cinquièmement, *force mentale* pour réussir à faire tout l'antérieur. Les conditions footballistiques de chacun peuvent s'améliorer mais ne peuvent pas se créer. Elles sont ce qu'elles sont. Accepte-le. Mais avoir les conditions est nécessaire mais pas suffisant. Bien plus souvent que ce que le commun des mortels ne le pense, la différence est dans la tête. Comment nous affrontons les challenges que nous nous proposons. Ne pas se dévier du chemin. Ne pas tenir compte de tout ce qui n'apporte pas la moindre valeur.

5. <u>CONCLUSIONS</u>

Je ne sais pas si en tant que lecteur vous vous êtes identifié d'une manière ou d'une autre dans tout ce que vous venez de lire. Si ce n'est pas le cas, félicitations, vous faîtes ce qu'il faut. Si au contraire vous vous êtes reconnu dans l'un des passages du livre, tranquille, ce n'est pas grave. Vous avez vu qu'il y a une solution. Ne vous en faites pas.

J'ai voulu écrire ces lignes, parce que je crois que cela peut aider de nombreux pères qui veulent aider leur fils dans leur carrière footballistique encore naissante. Et qui sait si également les accompagner dans leur carrière professionnelle. Il s'agit de nombreuses années à jouer au foot et à observer. Ce type de comportement n'est pas isolé. C'est un comportement récurrent. C'est un déjà vu. Et je peux vous dire qu'après avoir été témoin direct, en voyant souffrir l'avant, le pendant et l'après, je te vous recommande de prendre en compte ce livre. Je vous anime à traiter votre fils à la « troisième personne » footballistiquement parlant (ou dans tout autre sport).

Littéralement et avec toute la froideur tu terme. Cela vaut mieux pour vous et surtout pour cela ira beaucoup mieux pour votre fils. Se comporter ainsi requiert du temps. C'est vrai. Cela demande de l'entraînement. Oui. Mais il s'agit du comportement adéquat. Maintenant vous n'avez plus qu'à le mettre en pratique. Allez.

Twitter: @PaulFraga

www.futbolydineroresponsable.com